Después del Amor.
Ensayos contra-amorosos
para una afectividad *queer*

ANA RUBIO GARCÍA

Bachelor's Thesis

[May 2024]

Universidad Complutense de Madrid

Supervisor: Juan Evaristo Valls Boix

Faber & Sapiens

Después del Amor.
Ensayos contra-amorosos para una afectividad *queer*

A<small>NA</small> R<small>UBIO</small> G<small>ARCÍA</small>

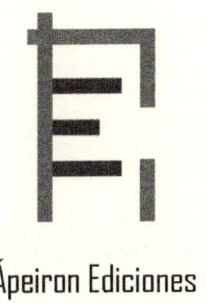

Ápeiron Ediciones

First Edition by Faber & Sapiens,
an imprint of Ápeiron Ediciones,
in 2025

Design and layout: Ápeiron Ediciones

ISBN: 979-13-990257-8-1
DL: M-11318-2025

A los que me enseñaron el Amor.
A las que me ensancharon el amar.

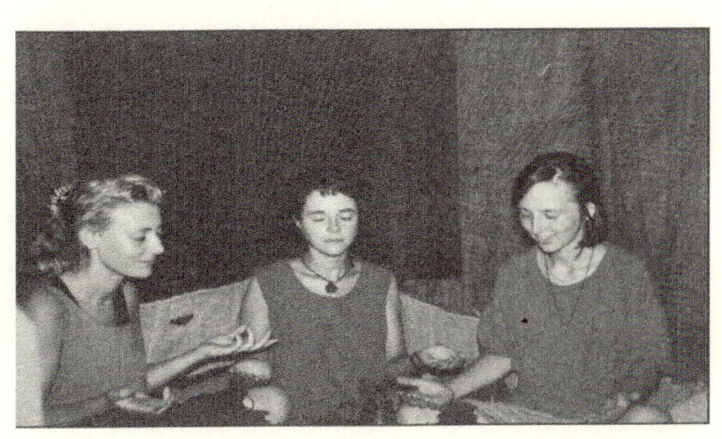

Contents

En virtud del alto tributo que las amantes deben pagar de sí mismas para utilizarla, la palabra amor no es ya muy empleada.

Monique Wittig y Sande Zeig

INTRODUCCIÓN

El presente escrito tiene como objetivo analizar la manera en que la heterosexualidad obligatoria opera en lo afectivo normativizando el amor y excluyendo de su uso a las personas y prácticas heterodisidentes.

La primera sección está dedicada a mostrar que las características comúnmente asociadas al amor (subsunción del trabajo reproductivo de las mujeres, subestimación de la amistad, idealización de la familia, privatización de los cuidados a través de la monogamia y el matrimonio, persecución de la felicidad como signo de plenitud, etc.) están pensadas desde una lógica heterosexual.

En la segunda parte se analizan las propuestas corporales subversivas a la heterosexualidad obligatoria que idearon Monique Wittig, Judith Butler y Paul. B. Preciado respectivamente.

El tercer apartado se encarga de desplazar las tesis de los tres autores mencionados desde el ámbito de lo corporal al plano de lo afectivo para crear la noción de «contra-amor». Dialogando con el primer apartado, esta sección también ofrece posibles ensayos contra-amorosos para una afectividad heterodisidente, como son la petición de retribución por el trabajo doméstico, la defensa de la amistad como forma de vida, la abolición de la familia y el potencial político de la infelicidad.

A modo de epílogo y haciendo un guiño al *Manifiesto Contrasexual* de Preciado, en el cuarto y último apartado se exponen ejemplos de prácticas subversivas contra-amorosas.

¿DE QUÉ HABLAMOS CUANDO HABLAMOS DE AMOR? HETEROSEXUALIDAD OBLIGATORIA EN EL CONTRATO AMOROSO

En *La voluntad de saber* (1995) Foucault analiza el cuerpo como una superficie de registro en la que se van imprimiendo formas de acción. De aquí viene su noción de poder como biopoder. La biopolítica postula que el poder actúa sobre los cuerpos y genera comportamientos. Foucault asegura que desde finales del siglo XVIII se viene dando una transformación en el ejercicio del poder en la que el biopoder sustituye a un poder político que funciona a través de la ley. Así, el poder ya no se rige por el derecho de «hacer morir y dejar vivir», sino que comienza a funcionar sin prohibición ni sanción punitiva. El biopoder es más bien una promoción de un tipo específico de comportamiento. Es la creación de un modo de vida concreto: «hacer vivir y dejar morir» (1995).

Por otro lado, en su escrito *Heterosexualidad obligatoria y existencia lesbiana* de 1978 Adrienne Rich acuña el término «heterosexualidad obligatoria» y la define como el efecto acumulativo de la reiteración del vínculo heterosexual como unión ideal que dictamina las posibilidades de acción de los cuerpos ocultando el trabajo bajo el signo de «lo natural». De esta manera, la heterosexualidad obligatoria va mucho más allá de la promoción de una orientación sexual específica (Rich, 1996).

Haciendo dialogar ambos argumentos, sostengo que la heterosexualidad obligatoria es una tecnología biopolítica sofisticada que se imprime no solo en el soma (creando cuerpos masculinos y femeninos y prácticas sexuales cisheteronormadas) sino también en el espacio social, idealizando el modo de vida heterosexual a través de la promoción de la ideología del amor.

Esta ideología se basa en una concepción del amor a la que Michael Hardt ha denominado —a propósito de Alexandra Kollontai— *property love* y que puede definirse como un dispositivo burgués naturalizado cuya función es hacernos creer que cuando amamos tenemos completo derecho sobre la otra persona (Hardt, 2018). Tal y como prescribe la lógica capitalista, uno solo tiene derecho a lo que es suyo. En el marco del amor como propiedad esto implica que los integrantes de la pareja se pertenecen mutuamente (2018). De esta manera la pareja (y la familia nuclear como su extensión primigenia) funciona como un «todo» autárquico que subordina otras formas posibles de vinculación afectiva.

Con esto sobre la mesa, se hace especialmente urgente analizar la intrincación entre la heterosexualidad obligatoria y el sistema de producción capitalista, pues sólo así se podrá abrir paso a una investigación exhaustiva de la ideología del amor (que bien podríamos llamar «amor heterosexual» o simplemente «Amor» con mayúsculas).

En lo que sigue se analizará: 1. Que la categoría de sexo sólo tiene sentido concebida desde la lógica del pensamiento heterosexual, 2. Que el sistema capitalista fordista utilizó la categoría de sexo para crear una división sexual del trabajo que subsumió el trabajo reproductivo al productivo, reconociendo como verdadero trabajo solo el segundo. 3. El paso del capitalismo fordista al neoliberalismo y la consecuente capitalización de la emocionalidad, argumentando que a pesar del denominado «*LGTB washing*», la heterosexualidad obligatoria perdura en el sistema económico neoliberal a través de lo que Sara Ahmed ha llamado «la promesa de la felicidad» (Ahmed, 2019).

Por tanto, este ensayo puede suscribirse en una línea de pensamiento antagónico a la idea de Nancy Fraser según la cual la economía y la sexualidad son dos esferas totalmente diferenciadas (Butler & Fraser, 2017). En lo que sigue se pretende mostrar que, al contrario de lo que parece creer Fraser, la heterosexualidad obligatoria no se acabó en 1990 cuando la OMS despatologiza la homosexualidad, ni en 2003 cuando se despenalizó a nivel federal la homosexualidad en EE. UU (en España en 1978 a causa de la derogación de la Ley sobre peligrosidad y rehabilitación social), ni con la legalización en EE. UU del matrimonio gay en 2013 (2005 en España).

En este trabajo se muestra que la idea de Fraser según la cual «el neoliberalismo no necesita la heterosexualidad obligatoria para la extracción de plusvalía» (García, 2008) es fácilmente descartable. En todo caso ocurre que el neoliberalismo no necesita de la *prohibición* de la homosexualidad para la extracción de plusvalía (así lo muestra el hecho de que en los últimos años multitud de empresas hayan adoptado *políticas de apoyo* al colectivo LGTBIQ+). Esto es debido a que el sistema capitalista ha sido capaz no solo de crear unos roles de género sólidos en su momento fordista, sino también de fluidificarlos cuando le ha sido necesario en la era del neoliberalismo (Illouz, 2012). No obstante, este intento adaptativo no quiere decir que la heterosexualidad obligatoria no siga todavía vigente ordenando el espacio físico y emocional en el que nos movemos. Así pues, en esta sección se demostrará que la estructuración del sistema capitalista (fordista y posfordista) está estrechamente ligada a la heterosexualidad obligatoria y su despliegue conceptual.

1. Conceptos heteros, cuerpos heteros

> El cuerpo: superficie de inscripción de los acontecimientos (mientras que el lenguaje los marca y las ideas los disuelven), lugar de disociación del Yo (al que trata de prestar la quimera de una unidad sustancial); volumen en perpetuo desmoronamiento.
>
> Foucault

Con la publicación de *El segundo sexo* en 1949 Simone de Beauvoir cuestionó tanto la concepción tradicional de los términos «sexo» y «género» (a saber: que se tratan de dos significantes con la misma referencia) como la concepción clínica (según la cual el género es una categoría socialmente construida y el sexo una realidad biológicamente determinada[1]). La idea de que la diferencia entre sexos no es algo natural permitió a Beauvoir enfocar el análisis de la Mujer desde una perspectiva cultural:

> No se nace mujer, se llega a serlo. Ningún destino biológico, psíquico, económico define la figura que reviste en el seno de la sociedad la hembra humana; es la civilización como un conjunto lo que produce esa criatura intermedia entre el hombre y el eunuco que se describe como femenina (1989, pág. 240).

Años más tarde, en su artículo «No se nace mujer» de 1981, la pensadora materialista (y lesbiana) Monique Wittig se hace cargo de esta tesis

---

[1] Esta tesis se institucionalizó definitivamente con la publicación de *Sex and gender* (1968) por Robert Stoller y *Man and Woman, Boy and Girl* (1972) de John Money.

beauvoiriana y a la vez que reconoce su legado, propone una reinterpretación anticipando lo que luego serán las teorías queer.

Como Beauvoir, Wittig señala que la propia categoría de «sexo» es una categoría pensada desde el género y por tanto una categoría naturalizada pero no natural. Va sin embargo más allá de Beauvoir al afirmar que la propia categoría de «género» es producto del discurso político y económico de la sexualidad reproductiva —lo que ella llamó «el pensamiento heterosexual» (Wittig, 2005)—. Si Beauvoir dijo «Una no *nace* mujer», Wittig dice «Una no nace *mujer*» (de Lauretis, 2005).

Esta tesis sirvió de base para los movimientos queer de los 90 (entre cuyas teóricas principales podemos encontrar a Judith Butler, Teresa de Lauretis, Donna Haraway y Eve Kososfky).

Siguiendo la estela de Wittig, en *El género en disputa,* Butler afirma que el sexo no es una realidad biológica sino un ideal regulativo que se materializa corporalmente a través de la reiteración de prácticas normativas heterosexuales. La categoría de sexo es entonces consecuencia de la naturalización de la estructura social del género, que a su vez es pensado desde un marco heterosexual (Butler, 2007).

Como se mostrará más adelante, la propuesta de salida que ofrece Butler pasa por hacer ver que la repetición compulsiva de las actuaciones de género son las que producen la ilusión de una esencia natural. En este sentido, «sólo la legitimidad dada por el marco normativo heterosexual distingue entre una imitación naturalizada de una imitación paródica» (Córdoba, 2005, pág. 54). La identidad de género no es otra cosa que su propia manifestación externa detrás de la cual no hay nada.

2. División sexual del trabajo

En *El patriarcado del salario* (2021) Silvia Federici denuncia la inconsciencia de Marx al no percatarse de que a finales del siglo XIX la creación de la familia nuclear proletaria fue una estrategia del capital para conseguir paz social y trabajadores más productivos.

Siguiendo a la autora, la considerable subida del salario masculino a finales del siglo XIX (que solo entre 1860 y 1910 se multiplica por dos) introduce el concepto de salario familiar. Si bien este hecho se concibió como un logro desde algunos sectores del marxismo, Federici asegura la necesidad de una mirada feminista hacia esta nueva dependencia de las mujeres hacia el salario masculino (Federici, 2021).

La denuncia que lleva a cabo la autora italiana es que esta dependencia, que podríamos denominar «patriarcado del salario», no acaba con la desigualdad, sino que se limita a reorganizarla. Al naturalizar los cuidados (físicos y emocionales) de las mujeres mediante el discurso del altruismo, esta nueva organización de la familia dividió la estructuración del trabajo en dos cadenas de montaje: por un lado, una cadena de montaje que produce las mercancías (cuyo centro es la fábrica) y por otro una cadena de montaje que produce los trabajadores (cuyo centro es la casa). Esto significa que:

> el salario no solo es un campo de confrontación entre la fuerza de trabajo y el capital —el campo en el que la clase obrera negocia la cantidad y disposición del trabajo socialmente necesario— sino que también es un instrumento de creación de relaciones de poder desiguales y jerarquías de trabajadores (2021, pág. 92).

El salario es un dispositivo capitalista que define y clasifica lo que se considera trabajo y lo que no, de tal manera que los trabajos no asalariados se invisibilizan y naturalizan como parte de la ideología de la de la feminidad y del amor, mediante las cuales «el capitalismo ha dado al hombre el poder de mandar en nuestro trabajo no remunerado y de imponer disciplina en nuestro tiempo y espacio» (2021, pág. 65). Esto genera una serie de relaciones de disciplina: las mujeres se vuelven dependientes de los hombres y estos se tornan más dóciles y vulnerables ante sus patrones pues de su trabajo depende su familia.

Como se ha mostrado anteriormente, la tecnología binaria del pensamiento heterosexual divide a los cuerpos en dos sexos: masculino y femenino. Ahora vemos que el capital usa estos mismos conceptos binarios para llevar a cabo una división sexual del trabajo y generar así más beneficio económico. Con la naturalización del trabajo femenino ocurre que el trabajo no retribuido que los capitalistas extraen de la clase trabajadora es mucho mayor que el que extraen durante la jornada remunerada, porque incluye el trabajo afectivo y doméstico no remunerado realizado por las mujeres.

3. La creación de la familia nuclear

En la sección anterior se ha mostrado que, si bien Marx acertó al asegurar que nuestra fuerza de trabajo (es decir, nuestra capacidad para trabajar) no nos viene dada, sino que se consume cada día en el trabajo y se tiene que reproducir constantemente, no supo ver que la reproducción de dicha fuerza de trabajo implica el trabajo físico y emocional no retribuido de las mujeres (2021). El fallo de Marx fue presentar al trabajador asalariado como un ente que se autorreproduce. La labor de las feministas marxistas ha sido remendar este error de Marx y preguntar qué —o más bien quiénes— están detrás del trabajador asalariado.

Siguiendo este argumento, Federici señala que la familia, lejos de ser una estructura precapitalista, es «una creación del capital para el capital, una institución organizada para garantizar la cantidad y la calidad de la fuerza de trabajo y el control de la misma» (pág. 34). Con la creación de la familia nuclear moderna se institucionaliza el trabajo no remunerado de las mujeres y su dependencia a los hombres y a su vez se mantiene atados a los hombres a sus trabajos, que ya no podían abandonarlos porque su mujer e hijos dependían de ellos (2021).

Según Federici, la forma en que el trabajo remunerado ha mistificado la función social de la familia es paralela a la mistificación del trabajo asalariado llevada a cabo por el capital.

> La ideología que contrapone la familia a la fábrica, lo personal a lo social, lo privado a lo público, el trabajo productivo al improductivo es útil de cara a nuestra esclavitud en el hogar que, en ausencia de salario, siempre ha aparecido como si se tratase de un acto de amor. Esta ideología está profundamente enraizada en la división capitalista del trabajo que encuentra una de sus expresiones más claras en la organización de la familia nuclear (pág. 38).

La idea según la cual el trabajo es lo contrario a la familia es para Federici una idea falsa, pues la familia nuclear fue una estrategia ideológica del capital para atomizar a los trabajadores en pequeños y aislados corpúsculos de consumo.

Siguiendo esta estela, la abolicionista de la familia Sophie Lewis afirma recientemente que la familia es una estructura capitalista pensada desde una ideología del amor como propiedad que reproduce la economía burguesa a pequeña escala. Haciéndose pasar por una necesidad biológica y natural, la familia organiza la reproducción de la fuerza de trabajo y privatiza los cuidados (Lewis, 2023).

Como ya se ha mostrado con Federici, a finales del siglo XIX se produjo una reforma histórica del trabajo a través de la introducción del *salario familiar*, que naturalizó la subsunción del trabajo reproductivo de las mujeres al trabajo productivo creando la familia nuclear proletaria. Así, la subida del salario masculino y el consecuente surgimiento del modelo de familia nuclear se creó con el supuesto fin de proteger a las mujeres de las miserias que sufrían en las fábricas, pero las condenó a un trabajo reproductivo no asalariado y más silencioso. Ocurre por tanto que el modelo de familia nuclear que se supone que debía servir a los grupos subordinados como protección contra el Estado, la sociedad y el capital, está pensado exactamente desde instituciones blancas, coloniales, burguesas, heterosexuales y patriarcales (2023).

Ahora bien, según la pensadora transcomunista y abolicionista de la familia M. E. O´Brien, con el paso al neoliberalismo a partir de la década de 1970 la familia nuclear sustentada por un único hombre asalariado y un ama de casa se ha vuelto completamente inalcanzable excepto para los ricos (O´Brien, 2023). Siguiendo a la autora, aun cuando esta desintegración familiar ha permitido algunos avances positivos (como por ejemplo la ampliación del espacio para la vida queer), no dejan de ser soluciones dependientes de una lógica del hogar privado que conlleva grandes costes como el estancamiento de los salarios, el colapso de infraestructuras públicas o la ausencia de movimientos sociales sostenidos (2023). Es más: incluso bajo estas condiciones neoliberales de vida a menudo la familia funciona como un ideal regulativo, una meta a conseguir como signo de estabilidad económica y emocional.

En el apartado siguiente se mostrará que el pensamiento heterosexual y su consecuente sistema económico capitalista (ahora neoliberal) han conseguido seguir manteniéndonos subsumidas a la ideología del amor-heterosexual a través de la fetichización de las emociones. En concreto analizaré la felicidad de la mano de Sara Ahmed, que asegura que, con la llegada del neoliberalismo, la recompensa de esta subsunción al matrimonio y a la familia no es ya la estabilidad económica sino la conquista de una supuesta estabilidad emocional (Ahmed, 2019).

4. El yugo de la felicidad

> La felicidad del mundo heterosexual es una forma de injusticia.
>
> Sara Ahmed

Siguiendo a Eva Illouz y su estudio sobre el capitalismo emocional, el cambio del capitalismo fordista al neoliberalismo se define a partir de la inmaterialización de los procesos productivos y la incorporación de habilidades extralaborales (relacionales, afectivas, simbólicas, etc.) a los circuitos de generación del valor (Illouz, 2012). Así, mediante la fusión de lo económico y lo emocional, en la era del capitalismo tardío se produce una subsunción total de la vida al trabajo. Esto ha conllevado una fluidificación de los roles de género establecidos en la fase capitalista fordista, de tal manera que ahora se exige a los hombres actividades tradicionalmente asociadas con lo femenino (tacto, trabajo en equipo, capacidad de aceptar órdenes) y a las mujeres que incorporen valores asociados a la masculinidad (liderazgo, firmeza, independencia). El neoliberalismo va de la mano de una cultura emocional muy especializada que vuelve productivas las emociones. Cabe por tanto analizar la cultura de las emociones como una «tecnología de autogestión». Para Illouz el capitalismo emocional «diluye las divisiones de género al invitar a hombres y mujeres a controlar sus emociones negativas, ser amistosos, verse a través de la mirada de los otros y establecer relaciones de empatía con los demás» (pág. 59).

El denominado «giro afectivo» que están llevando a cabo autoras como Illouz, Ahmed o Cvetkovich, está poniendo de relieve que los afectos no deben ser entendidos como meros estados psicológicos, sino que articulan la relación con nuestro entorno en tanto que funcionan como políticas culturales.

En este sentido, es especialmente interesante analizar la promesa de la felicidad como una tecnología neoliberal al servicio de la heterosexualidad obligatoria, y esto debido a que el carácter aspiracional de la felicidad funciona en ocasiones como guía vital. Siguiendo a Ahmed (2019) la promesa de la felicidad funciona como un perfomativo que dirige los cuerpos hacia ciertos objetivos que se consideran necesarios para alcanzar una vida plena. Así, «podríamos caracterizar la ciencia de la felicidad como un conocimiento de tipo performativo que, al encontrar la felicidad en ciertos lugares, los constituye como buenos lugares y por tanto como aquello que debería ser promovido a la categoría de bien» (pág. 29). De esta manera, se califican ciertos ideales (la pareja, el matrimonio, la familia…) como felices y se busca en ellos la felicidad que se espera encontrar.

En *La política cultural de las emociones*, Ahmed ya había afirmado que la heterosexualidad obligatoria configura el espacio social permitiendo que los cuerpos que siguen sus normas se sientan cómodos (Ahmed, 2015).

En *La promesa de la felicidad* Ahmed continúa este argumento señalando que, en tanto que la plenitud se asocia con la comodidad, «es posible pensar los guiones de felicidad como dispositivos de heterosexualización, modos de alinear los cuerpos con lo que ya está alineado» (2019, pág. 197).

Así, ocurre que la desviación siempre va de la mano de la amenaza perversa de la infelicidad. En cierto modo, esta amenaza no falta a la verdad: en la mayoría de los casos la desviación suele ir acompañada de infelicidad, pues el pensamiento heterosexual y su «promesa de felicidad» comienzan a crear una geografía afectiva que organiza el espacio social expulsando la infelicidad hacia los márgenes con el objetivo de que la felicidad céntrica no se contamine (2019). De este modo, para entrar en las lindes de la felicidad se exige colocar las aspiraciones en los lugares heteronormados que corresponde. En otras palabras: la felicidad tiene el coste de la heterosexualidad.

HAY QUE REINVENTAR LA MUJER, HAY QUE REINVENTAR EL AMOR

Se ha mostrado que el pensamiento heterosexual define a la mujer en relación binaria y de oposición al hombre, dividiendo sexualmente el cuerpo y el trabajo, creando así la familia nuclear moderna que privatiza los cuidados e idealiza la monogamia y el matrimonio como ideales a conseguir. La pregunta que se abre ahora es: ¿hay un afuera del poder? O lo que es lo mismo: ¿hay un afuera del Amor?

En lo que sigue se analizarán las propuestas de salida de Monique Wittig, Judith Butler y Paul. B. Preciado a la heterosexualidad obligatoria.

1. Las tijeras de Monique Wittig

En su artículo de 1980 «El pensamiento heterosexual» Monique Wittig afirma que el sistema heterosocial naturaliza el par conceptual hombre/mujer a través de la categoría de «sexo» definiéndolos en relación oposicional (Wittig, 2005). Un año más tarde, en «No se nace mujer» Wittig profundiza en esta idea y afirma que

> al hacer esto, al admitir que hay una división «natural» entre mujeres y hombres, naturalizamos la historia, asumimos que «hombres» y «mujeres» siempre han existido y siempre existirán. No solo naturalizamos la historia sino que también, en consecuencia, naturalizamos los fenómenos sociales que manifiestan nuestra opresión, haciendo imposible cualquier cambio (pág. 35).

Para Wittig, feminista materialista y lesbiana, la categoría «mujer» y la categoría de «hombre» son categorías políticas y económicas y en tanto tales, no son eternas. Para la autora francesa la lucha feminista pasa por que las «mujeres» se constituyan como clase, lo cual no quiere decir que deban suprimirse como individuos, pues «ningún individuo puede ser reducido a su opresión» (pág. 41). Lo que está en juego al admitir la opresión es en realidad no sólo una nueva definición de clase sino también una nueva definición de individuo, porque

> cuando se admite la opresión se necesita saber y experimentar el hecho de que una puede constituirse en sujeto (como lo contrario a un objeto de opresión), que una puede convertirse en *alguien* a pesar de la opresión, que una tiene su propia identidad. No hay lucha posible para alguien privado de una identidad; carece de una motivación interna para luchar, porque, aunque yo solo puedo luchar con otros, primero lucho para mí misma (pág. 41).

Para Wittig es posible una nueva definición de lo que se entiende por «sujeto», pero para ello es necesario una reorganización del pensamiento heterosexual a través de nuevos conceptos (Wittig, 2005). Es por ello que a juicio de Wittig,

> el lesbianismo ofrece, de momento, la única forma social en la cual podemos vivir libremente, pues «lesbiana» es el único concepto que conozco que está más allá de las categorías de sexo (mujer y hombre), pues el sujeto designado (lesbiana) no es una mujer ni económicamente, ni políticamente, ni ideológicamente (pág. 45).

Si «lo que constituye a una mujer es una relación social especifica con un hombre, una relación que hemos llamado servidumbre» ocurre que «las lesbianas somos desertoras de nuestra clase» (pág. 45). La lesbiana es para Wittig el ejemplo viviente de que una nueva forma de subjetividad es posible.

Ahora bien: afirmar esto va más allá del plano del discurso. Según Wittig la categoría de «sexo» da coherencia artificial a una serie de atributos corporales que de otra manera serían discontinuos. Así, Wittig afirma que el «sexo» no es natural sino discursivo. Por ello no debe sorprendernos que en *El cuerpo lesbiano* (1973) Wittig se desligue de la categoría de «sexo» (entendido como aquello que crea y ordena la arquitectura corporal) y recorte con sus grandes tijeras el cuerpo sexuado colocando todos los órganos en el mismo plano de inmanencia. He aquí el cuerpo lesbiano: un continuo erótico que está más allá de la distinción naturalizada entre hombre y mujer.

2. La procesualidad de Judith Butler

Butler comparte con Wittig la idea de que tanto el sexo como el género son efectos de la tecnología política de prescripción que es la heterosexualidad. Sin embargo, el análisis de Butler se distingue del de Wittig al asumir que el sujeto es constituido, con lo cual no puede situarse fuera del género haciendo abstracción de él. Haría falta la existencia de un sujeto anterior al género con capacidad de agencia. Sin embargo, para Butler no hay un sujeto previo a la acción. El sujeto se constituye en el hacer: la subjetividad es procesual, performativa (Butler, 2007).

En *El género en disputa,* Butler rescata el análisis de Austin sobre los actos de habla performativos (también llamados realizativos). Según la teoría de Austin, existen dos tipos de enunciados: los constatativos (que describen hechos y por tanto son susceptibles de ser verdaderos o falsos) y los realizativos o performativos (en los que decir algo equivale a hacer algo). Estos últimos no se miden en términos de verdad o falsedad, sino que deben ser considerados en función de su eficacia. Así, siguiendo a Butler, la oración «*¡es una niña!*» no es constativa (descriptiva) sino performativa (crea discurso).

Si el interés de Austin era estudiar las condiciones que posibilitan la eficacia de los performativos, la pretensión de Butler es analizar las condiciones que hacen posible su fracaso, o más concretamente, cómo es posible efectuar una subversión de su sentido (Córdoba, 2005).

Es importante señalar que esta tesis butlereana es deudora de la lectura que hace Derrida de la teoría de Austin. En su escrito «Firma, acontecimiento, contexto» el filósofo francoargelino refuta al inglés haciendo ver que este excluye de su análisis las repeticiones del performativo fuera de su marco «ordinario» —aquel en el que se cumplen las convenciones que le aseguran su cumplimiento—. De esta manera, Derrida mostrará que no hay en realidad ningún contexto normativo para el performativo, lo cual convierte toda repetición realizativa en una «cita». Aunque el performativo siempre se da en un contexto determinado, no es para Derrida reductible a este. Hay, de hecho, un exceso en el acto de habla realizativo respecto a la situación concreta en la que se emite. Esto es lo que Derrida llama «iterabilidad»: la posibilidad de ruptura del performativo (y en realidad de cualquier signo o marca) con su contexto de origen y la capacidad para funcionar en contextos distintos, lo cual quiere decir que su significado no está dado a priori, sino que es susceptible de ser modificado.

> Todo signo, lingüístico o no lingüístico, hablado o escrito (en el sentido ordinario de esta oposición), en una unidad pequeña o grande, puede ser *citado*, puesto entre comillas; por ello puede romper con todo contexto dado, engendrar al infinito nuevos contextos, de manera absolutamente no saturable. Esto no supone que la marca valga fuera de contexto, sino al contrario, que no hay más que contextos sin ningún centro de anclaje absoluto. Esta citacionalidad, esta duplicación o duplicidad, esta iterabilidad de la marca no es un accidente o una anomalía, es eso (normal/anormal) sin lo cual una marca no podría siquiera tener un funcionamiento llamado «normal» (Derrida, 1998, págs. 361-362).

Por otro lado, Butler adopta la idea althusseriana según la cual la interpelación ideológica estatal no se dirige a un sujeto que ya existe anteriormente a ese acto, sino que lo produce en su misma operación. Según Althusser, el sujeto es constituido a través de un acto de interpelación ideológico. Así, cuando un policía grita: «*¡Hey, usted!*», el ciudadano, al ser interpelado, se convierte en sujeto de la ley creando la ilusión de existencia previa a la interpelación (Córdoba, 2005).

Siguiendo a la investigadora Sainz-Ezquerra y su artículo sobre el sujeto procesual butlereano, el hecho de que la subjetividad sea performativa implica que no es un proyecto personal o voluntarista. No elegimos ser sujeto, tenemos que llegar a serlo a través de le repetición de las normas del contexto social, cultural y lingüístico en el que nacemos (Sainz-Ezquerra, 2017). En otras palabras: el individuo solo alcanza la categoría de «sujeto» mediante la repetición de categorías normativas. Es por esto mismo por lo que en *Cuerpos que importan* (2022) Butler admite que la generalización temporal que realizan las categorías de identidad es de partida un error necesario.

Para Butler el sujeto es el resultado de un proceso performativo de prácticas normativas reiteradas a lo largo del tiempo. Delimitando quién puede entrar en ellas, estas normas sociales construyen al sujeto que las repite una y otra vez. Dicha reiteración crea el efecto de la existencia de una substancia o identidad previa a la acción (2022).

De esta manera, el sujeto se identifica con una determinada identidad sexual y de género bajo la ilusión de que esa identidad ya existía antes del acto de interpelación. Esta repetición se normaliza de tal manera que borra las marcas de su producción, creando la ilusión de una esencia previa a este proceso, de la cual la identidad parece ser la expresión. En palabras de Butler: «el sujeto como entidad idéntica a sí misma ya no existe» (2022, pág. 317).

Aun con todo, que el individuo pase a ser sujeto a través de la repetición de normas sociales no significa que esté determinado por estas, pues precisamente la agencia está ligada a los procesos performativos que conforman la subjetivación.

En esta tesis vemos una clara influencia foucaultiana en Butler: no hay un afuera del poder. En la medida en que el sujeto emerge siempre como producto de la norma, la subversión solo puede darse dentro de un determinado contexto normativo. Ahora bien: a pesar de que el sujeto es producido por la norma en tanto que lo obliga a reiterarla para poder ser reconocido, el individuo nunca repite fielmente la norma (en tanto que esta es un ideal) y por ello tiene capacidad de acción para desplazarla. De esta manera, sucede que, «si el género es una asignación, esta nunca se realiza de manera que concuerde plenamente con las expectativas; las personas a las que se dirige nunca habitan por entero el ideal al que se pretende que se asemejen» (2022, pág. 324).

Butler utiliza el término «performatividad queer» para referirse a la fuerza política de la citación descontextualizada de un insulto homófobo y del desplazamiento de las posiciones de poder que este conlleva (Preciado, 2002). Por ejemplo, la palabra «bollo», que solía ser un insulto utilizado por personas heterosexuales para denigrar a las lesbianas, es reapropiada por estas últimas como una forma de autodenominación desafiante y productiva.

Butler analiza la performatividad del género a través del ejemplo de la drag Queen. La performance de la drag repite las fórmulas de la feminidad, pero al hacerlo en un contexto no convencional, desnaturaliza el género mostrándolo como lo que verdaderamente es: la mera imitación de un ideal normativo inalcanzable en todas las performances de género (Córdoba, 2005).

De esta manera se muestra que lo único que distingue una imitación naturalizada de una paródica es el marco normativo heterosexual. Precisamente de ahí el peculiar placer que produce la historieta en la que nace una niña y la primera frase que se escucha es: «*¡Es una lesbiana!*». Este cuento, más que ser una broma esencialista, es una apropiación queer del enunciado performativo que parodia y expone tanto el poder vinculante de la norma heterosexual como la posibilidad de expropiarla (Butler, 2022).

3. La contra-sexualidad de Paul B. Preciado

En su *Manifiesto-contrasexual* (2002) Paul B. Preciado desplaza el análisis butleriano sobre el sexo y el género al ámbito de las prácticas sexuales.

Si según Butler el sexo entendido como «categoría biológica» divide los cuerpos en femeninos y masculinos, según Preciado el sexo entendido como práctica divide los cuerpos en partes erógenas (senos, vagina, pene) y no erógenas (manos, boca, ano…) atando las posibles prácticas sexuales a fines reproductivos.

En palabras de Preciado, «el sexo, como órgano y práctica, no es ningún lugar biológico preciso ni una pulsión natural. El sexo es una tecnología de dominación heterosocial que reduce el cuerpo a zonas erógenas en función de una distribución asimétrica del poder entre los géneros (femenino/masculino), haciendo coincidir ciertos afectos con determinados órganos, ciertas sensaciones con determinadas reacciones anatómicas» (2002, pág. 22). Para Preciado, «los órganos que reconocemos como naturalmente sexuales, son ya el producto de una tecnología sofisticada que prescribe el contexto en el que los órganos adquieren su significación (relaciones sexuales) y se utilizan con propiedad, de acuerdo a su "naturaleza" (relaciones heterosexuales)» (págs. 26-27). Lo que está afirmando Preciado es que tanto la arquitectura corporal (que divide el cuerpo entre zonas erógenas y no erógenas) como las posibles prácticas sexuales que de ella se derivan responden a una lógica cisheterosexual.

Precisamente por ello él propone denominar a los actos que van más allá (o más acá) de lo sexual *actos contra-sexuales*. Las practicas contra-sexuales posibilitan una «deriva radical con relación al sistema sexo/género dominante» (pág. 26). Algunas de estas prácticas pueden ser: la utilización de dildos, la erotización del ano y el establecimiento de relaciones sadomasoquistas contractuales (2002).

Con esta tesis Preciado desnaturaliza el sexo y pasa a concebirlo como una tecnología biopolítica compleja, igual que Judith Butler hizo con el género. Con esto sobre la mesa, no podemos sino preguntarnos: ¿es posible desnaturalizar el Amor?

ENSAYOS CONTRA-AMOROSOS
PARA UNA AFECTIVIDAD HETERODISIDENTE

Lesbiana: aquella que vive en un pueblo de amantes, aquella cuyo interés se dirige en primer término a sus amantes, aquella que siente un fuerte deseo por sus amantes, aquella que no vive en el desierto, aquella que no está perdida.

Monique Wittig y Sande Zeig

Hubo un tiempo en el que no eras una esclava. Acuérdate de ello. Andabas sola, te reías, te bañabas con la tripa al aire. Dices que has perdido todos los recuerdos de aquello, recuerda [...] Dices que no hay palabras para describir ese tiempo, dices que no existe. Pero recuerda. Haz un esfuerzo por recordar. O si eso falla, inventa.

Monique Wittig

En el punto anterior se ha mostrado que la tecnología social heteronormativa puede definirse como una «máquina de producción ontológica que funciona mediante la invocación performativa del sujeto como cuerpo sexuado» (Preciado, 2002, pág. 24). En esta sección se desplazarán los argumentos de Wittig, Butler y Preciado al ámbito de lo amoroso.

La teoría queer ha mostrado que las expresiones aparentemente descriptivas «*¡es una niña!*» o «*¡es un niño!*» son en realidad enunciados realizativos. Asimismo, Sara Ahmed ha definido la felicidad como un realizativo. Siendo esto así, ¿qué nos hace pensar que cuando alguien dice «*esos dos están profundamente enamorados*», «*te amo*» o «*eres el amor de mi vida*» no esté profiriendo asimismo un performativo? ¿no está naturalizándose aquí una idea arbitraria del amor legitimada por el marco heteronormativo?

Como se ha visto en el primer apartado, puede concebirse la heterosexualidad obligatoria como una maquinaria encargada de producir no solo cuerpos sexuados sino una idea del amor específica relacionada con la subsunción del trabajo reproductivo, la subestimación de la amistad, la familia, el matrimonio y la privatización de los afectos. El pensamiento heterosexual reúne una serie de disposiciones sociales bajo el apelativo de «amor verdadero» creando la ilusión de que existe algo así como una esencia amorosa que permite distinguir entre los verdaderos y los falsos enamoramientos. Ahora sin embargo vemos que, como para toda máquina, el fallo forma parte de la maquinaria heterosexual, y dado que lo que se invoca como «amor» es un ideal que nadie puede alcanzar, el pensamiento heterosexual intenta renaturalizar toda aproximación «imperfecta» en beneficio del sistema de tal manera que cualquier desviación se concibe como un «accidente perverso».

Puesto que no hay un afuera del poder (Foucault, 1995) las personas queer hemos absorbido el imaginario amoroso del pensamiento heterosexual, un ideal performativo del que estamos constitutivamente excluidas, lo cual hace que entre nuestros deseos y el modelo afectivo heterosexual medie siempre el estigma, la vergüenza y la culpa.

A partir de este punto, surgen al menos dos vías: la primera consiste en amar, pese a todo, siguiendo ese imaginario con la esperanza crítica de que al imitarlo pueda alterarse, pervertirse, transformarse. Esta posibilidad asume que cuando desplegamos afectos las personas queer hacemos exactamente lo mismo con el Amor que la drag Queen de Butler con el género: lo imitamos paródicamente, mostrando que en realidad el Amor es en sí mismo la imitación de un ideal normativo inalcanzable. Precisamente «porque la heterosexualidad es una tecnología social y no un origen natural fundador, es posible invertir y derivar sus prácticas de producción» (2002, pág. 26). Así, la lesbiana que vive en un pueblo de amantes es un «fallo de la máquina», recitación subversiva de un código amoroso naturalizado pero falso (2002).

La otra vía, de corte más wittigniano, es intentar construir un nuevo imaginario heterodisidente. Esto puede hacerse a través de la búsqueda de historias y referentes distintos a los heterosexuales (como hizo Adrienne Rich a través del concepto de «continuum lesbiano»), o bien a través de la creación de nuevas imágenes, palabras, relatos y rituales que se opongan a los dictados por la norma. Ello comporta conocer bien el discurso heterosexual y establecer con él una relación de oposición, de crítica, de derriba. Puesto que no hay un afuera del poder, no se trata de un abandono absoluto sino de un desplazamiento creativo. Al fin y al cabo, tal y como señalaron las militantes bolleras de L.S.D. en los años noventa:

> casi todo lo que se viene apuntando y extendiendo en los más recientes y vecinos años ha tenido que ser inventado y, desde estos singulares momentos, esta gran invención es cierta. Es la certeza que tiene un cuerpo que se nombra: el cuerpo lesbiano (1995, pág. 10).

Debemos, por tanto, seguir luchando por otro mundo, «un mundo que sea nuestro, hecho a través de nuestras miradas y sobre los placeres de nuestros cuerpos» (pág. 17). Un mundo creado desde el goce, inventado «desde la subversión, la perversidad, la transgresión que produce nuestra carcajada y mirada bollera» (ibid.).

Estas dos vías no son de ningún modo excluyentes. De hecho, son del todo combinables. Sin embargo, y esta es mi tesis, sostengo que estos caminos están más allá del Amor. Al fin y al cabo, tal y como señalan Wittig y Zeig en la entrada de la palabra «amor» en su *Borrador para un diccionario de las amantes,* «en virtud del alto tributo que las amantes deben pagar de sí mismas para utilizar esta palabra, no es ya muy empleada» (Wittig & Zeig, 2023, pág. 27). ¿No será que este alto tributo a pagar lleva el nombre de «heterosexualidad obligatoria»? Yendo más allá: si el amor es heteronormativo ¿se puede decir que las personas queer amamos?

Si se me permite estirar el argumento de Preciado en el *Manifiesto-contrasexual,* propongo que en realidad lo que hacemos las personas queer cuando nos relacionamos afectivamente no está relacionado con el amor sino con el contra-amor. Teniendo en cuenta lo expuesto anteriormente, el contra-amor sería la conjugación de la recitación amorosa subversiva y la invención creativa de un nuevo imaginario afectivo. El contra-amor es por constitución una práctica radicalmente abierta y cambiable. Por tanto, siempre estará dispuesta a incluir en su seno viejas o nuevas praxis.

A continuación, planteo algunos posibles ensayos contra-amorosos[2], y a modo de epílogo (haciendo un guiño a Preciado), una recopilación de prácticas de inversión contra-amorosa.

---

[2] Si bien no todas las opciones de ensayos contra-amorosos que se expondrán a continuación se han concebido desde una óptica queer, el análisis que se hace aquí de ellos sí es propiamente queer en tanto que muestra que son prueba de lo no natural del amor-heterosexual.

1. Salario para el trabajo doméstico

> Os estamos avisando: queremos un salario por cada váter sucio, cada parto doloroso, cada agresión sexual, cada taza de café y cada sonrisa. Y si no conseguimos lo que queremos, simplemente nos negaremos a seguir trabajando.
>
> Judy Quinlan

Si tal y como se ha mostrado en el primer apartado el trabajo no remunerado no es un acto de amor natural sino una estrategia capitalista para reproducir a los trabajadores por el menor costo posible, ocurre que «la demanda de un salario por este trabajo es el modo más directo, lógico y coherente de acabar con él y, por lo tanto, de acabar con la miseria crónica de las mujeres y su dependencia económica de los hombres» (Federici, 2019, pág. 34).

La campaña para el trabajo doméstico (WfH por sus siglas en inglés) se creó en Padua en el verano de 1972 con este objetivo. La campaña, inicialmente encabezada por Mariarosa Dalla Costa y más tarde secundada por Selma James, Silvia Federici y Nicole Cox, se expandió por otras ciudades del mundo, con especial fuerza en Canadá, Inglaterra y Nueva York, lo que culminó en el Comité Internacional de Salario para el Trabajo Doméstico.

En realidad, tal y como explica Federici (2019), la Campaña por el Salario para el Trabajo Doméstico no era *para* el trabajo doméstico sino contra él. Este grupo de militantes rechazaba el trabajo doméstico tal y como lo define el capitalismo: como trabajo no remunerado e identidad social naturalizada, y pensaban que la forma más eficaz de librarse de él era negarse a hacerlo gratis y exigir su remuneración.

Exigir un salario por el trabajo doméstico era una estrategia con objetivo doble: por un lado, sacar a la luz la explotación capitalista dentro del trabajo no asalariado (y por tanto resaltar el poder de las mujeres para poner en crisis la acumulación de capital) y por otro demostrar que quien se beneficia de este trabajo no son los hombres proletarios sino la clase capitalista.

Si se pusiera fin al trabajo no asalariado, los patrones «tendrían que invertir miles de millones en la creación de servicios que permitieran a los trabajadores ir cada día a trabajar» (pág. 35). De esta manera la Campaña se alejaba del feminismo institucional que comenzaba a surgir a finales de los 70, pues no exigían la igualdad para con los hombres proletarios (en tanto que entendían que estos también estaban explotados por el capital). De ahí que concluyan que «el trabajo capitalista no nos puede liberar, solo la lucha puede hacerlo» (pág. 37).

2. La amistad como forma de vida

> El amor engendró al mundo;
> la amistad lo hará renacer
> Friedrich Hölderlin

En abril de 1981, en una entrevista para la revista *Gai Pied*, Foucault reflexiona acerca de la forma más eficaz de resistencia a la producción disciplinaria de la sexualidad en el neoliberalismo. Foucault aboga no por la lucha contra la prohibición (como habían hecho los movimientos de liberación sexual antirrepresivos de los años setenta), sino por la producción de formas de placer-saber alternativas a la sexualidad moderna. Una de estas alternativas será para Foucault la homosexualidad como forma de vida y los lazos amistosos que de ella se generan.

Según el filósofo francés, debemos recelar de la inclinación a analizar la homosexualidad en términos de identidad. Foucault asegura que el sujeto es constituido: que haya un núcleo que sea el «yo» es una ilusión. Por tanto, no tiene sentido abordar el asunto de la homosexualidad a través de las preguntas «*¿quién soy yo?*», «*¿qué secreto esconde mi deseo?*» sino que más bien convendría preguntarse: «*¿qué tipo de relaciones pueden, a través de la homosexualidad, inventarse, multiplicarse, delinearse?*» (2021). El problema no reside en buscar dentro de uno mismo la verdad de nuestras inclinaciones, sino en hacer un uso de nuestra sexualidad en la que abramos posibilidad futura a una multitud de relaciones no heteronormadas. Es esta la verdadera razón por la cual para Foucault «la homosexualidad no es una forma de deseo sino algo deseable» (pág. 1).

Debemos esforzarnos, dice Foucault, en devenir homosexuales y no empeñarnos en reconocernos como tales. La homosexualidad abre líneas de fuga en los modelos relacionales heterosexuales. Así, dos hombres que gustan de sí «están uno frente al otro sin armas, sin palabras convenidas, sin nada que los asegure sobre el sentido del movimiento que los lleva uno hacia el otro. Tienen que inventar de la A a la Z una relación aún sin forma que es la amistad: es decir, la suma de todas las cosas a través de las cuales uno y otro pueden darse placer» (pág. 2).

En realidad, siguiendo a Foucault, lo que verdaderamente inquieta de la homosexualidad a algunos sectores de la sociedad no es el acto sexual mismo, sino que los individuos comiencen a amarse. Con la camaradería homosexual la institución heterosexual se ve comprometida por una red de intensidades afectivas que la perturban. «Estas relaciones hacen cortocircuito e introducen el amor allí donde debería haber ley, regla o hábito» (pág. 2).

Para el pensador francés la homosexualidad puede ser considerada como un modo de vida deseable precisamente porque da lugar a vínculos intensos fuera del marco de relaciones institucionalizadas. En esta línea, Foucault concluye que

> ser gay no consiste en reconocerse en las señas de identidad del homosexual, sino en buscar, definir y desarrollar una forma de vida. [...] La homosexualidad es una ocasión histórica para hacer surgir nuevas posibilidades afectivas y de relación, y no por las cualidades intrínsecas del homosexual sino por la posición, en cierto modo "de través" que ocupa y porque las líneas diagonales que puede trazar en el tejido social permiten la aparición de esas posibilidades (pág. 4).

3. Abolición de la familia

En el primer apartado se ha mostrado que la creación de la familia nuclear fue una estrategia capitalista que garantizó la organización del proletariado en unidades atomizadas de consumo y reproducción social. En esta sección analizo la propuesta de abolición de la familia de la autora transcomunista M. E. O´Brien.

La propuesta de O´Brien es abogar por la creación de comunas autogestionadas de entre doscientas y cuatrocientas personas en las cuales se repartan los cuidados y se distribuyan los servicios reproductivos, incluidos el cuidado y la educación de los niños, la lavandería, la limpieza, el cuidado de la salud mental y la atención medica periódica (O´Brien, 2023).

Aunque reconoce su legado, la propuesta de O´Brien se aleja de las ideas de la marxista bolchevique Alexandra Kollontai, que en su panfleto de 1920 *El comunismo y la familia,* defiende que en una sociedad comunista el Estado de los Trabajadores sustituirá gradualmente a la familia, de tal manera que «la sociedad se hará cargo de todas aquellas obligaciones que antes recaían sobre los padres» (Kollontai, 2002, pág. 17).

Como vemos, para Kollontai la abolición de la familia pasaba por la expansión de la gestión estatal:

> Desde ahora, la madre obrera que tenga plena conciencia de su función social, se elevará a tal extremo que llegará a no establecer diferencias entre «tus hijos y los míos»; tendrá que recordar siempre que desde ahora no habrá más que «nuestros» hijos, los del Estado Comunista, posesión común de todos los trabajadores. […] El cariño estrecho y exclusivista de la madre por sus hijos tiene que ampliarse hasta dar cabida a todos los niños de la gran familia proletaria (pág. 26).

Sin embargo, O´Brien pretende abogar por una visión de la abolición de la familia que rechaza la autoridad del Estado, ya que, según ella, «el Estado moderno se forjó como una institución social capitalista». Es más: O'Brien señala que «incluso los esfuerzos socialistas por utilizar la forma estatal han reforzado repetidamente el trabajo asalariado, la dominación racial y nacional y el control social burocrático» (O´Brien, 2023, pág. 197).

En tanto el Estado socialista sigue separando el cuerpo social del cuerpo dirigente para O´Brien es todavía un instrumento de clase. Según la autora, para ser realmente la base de la libertad humana y de la emancipación colectiva, la propuesta de abolición de la familia debe incluir también la abolición de todos los resquicios de la sociedad capitalista, incluidos el Estado y el trabajo asalariado.

A diferencia de la gran familia estatal de Kollontai, la propuesta comunal de O´Brien no requiere ni permite la regulación estatal ni tampoco la expansión del trabajo asalariado, ya que la toma de decisiones sería siempre compartida y democrática (2023).

O´Brien defiende una sociedad comunista sin Estado en donde la administración sea llevada a cabo por órganos populares de masas que agruparían a la mayor parte de la población y formarían parte del tejido de la vida cotidiana. La autora señala que esta forma de organización colectiva no es nueva: ha surgido históricamente durante los periodos álgidos de las rebeliones en forma de soviets, asambleas populares y consejos obreros (2023). Aun con todo, la sociedad sin clases y comunal, tal y como la describe O´Brien, es solo una especulación tentativa. Pero por incognoscible que sea, es para la autora «una promesa que podemos vislumbrar y anhelar, una promesa por la que podemos luchar, una promesa por la que podemos vivir», ya que «sólo en una sociedad libre pensada más allá del capitalismo podremos saber por fin lo que significa amar y ser amados» (pág. 252).

4. Utopías infelices

Como se ha mostrado en el último punto del primer apartado, la promesa de la felicidad es performativa; siempre se anticipa a su cumplimiento.

Ante la obligación de ser felices, Sara Ahmed propone la infelicidad como forma de libertad. En este sentido es especialmente fructífero analizar la potencia revolucionaria del pesimismo queer en la medida en que se lo entienda como una forma de resistencia a sentir felicidad por las «cosas correctas» del modo correcto. Ahora bien:

> la libertad de ser infeliz no tiene que ver estrictamente con sentirse triste o desdichado, aunque suponga también la libertad de manifestar dichos sentimientos. La libertad de ser infeliz sería la libertad de dejarse afectar por lo infeliz, y de vivir una vida que pueda afectar a otros de una forma infeliz (Ahmed, 2019, pág. 387).

Por ende, la libertad de ser infeliz incluye tanto la libertad de prestar atención a los malos sentimientos y atender a cómo nos afecta lo que nos rodea como la libertad de ser feliz de formas inadecuadas. Al mismo tiempo, ocurre que «si desafiar el derecho a la felicidad supone desviarse del camino recto, todo movimiento político implica compartir una desviación con otras personas». Con lo cual, «hay alegría, asombro y esperanza en la desviación compartida» (pág. 388).

Lo que viene a decir Ahmed es que compartir lo que nos desvía de la felicidad es luchar contra su obligatoriedad y abrir paso a su posibilidad. Sólo de esta manera se abre futuro. Ahora bien, «no se trata de imaginar al futuro como la superación de la miseria o la llegada de la felicidad» (pág. 389), sino de concebirlo como apertura para el cambio. Ya lo dijo Leslie Feinberg: «las que creemos en la libertad no descansaremos hasta que ganemos todas las batallas» (Feinberg, 2022, pág. 528).

Prácticas de inversión contra-amorosa

Siguiendo la estela de Preciado en el *Manifiesto contra-sexual,* en este apartado se ofrecen posibles ejercicios contra-amorosos con el fin de que el lector pueda poner en práctica la desnaturalización del amor heterosexual.

Práctica 1

Principio que dirige la práctica: Desnaturalizar el sentimiento maternal. Está especialmente recomendada para cuerpos con vulva socializados como «mujeres heterosexuales» mayores de 32 años.

Número de cuerpos que comparten esta práctica: 2 o más.

Material: Una lavativa, un dildo de 10 centímetros y un bote de lubricante.

Duración total: 14 minutos y 10 segundos.

Descripción de la práctica: Desnúdese. Prepare una lavativa anal. Túmbese a lo largo y repose desnudo durante dos minutos. Pídale a su acompañante que penetre su ano con el dildo. Ayúdense del lubricante. Pasados cinco minutos, diga cuatro veces en voz alta *«eyacula dentro, quiero tener un hijo con tu cara»*. Dedique los siete minutos restantes a tumbarse junto a su acompañante, mirarlo románticamente a los ojos y repetir frases sacadas de la película *Los puentes de Madison*. Por ejemplo: *«en un universo de ambigüedad, este tipo de certeza llega solo una vez y nunca más, sin importar cuantas vidas vivas»*. O bien: *«a veces tengo la sensación de que has estado aquí mucho tiempo, más de una vida, y que has habitado en lugares privados con los que ninguno de nosotros ha soñado»*. Una vez acabada la práctica, despídase de esa persona y no vuelva a verla nunca más.

Práctica 2

Principio que dirige la práctica: Recitación paródica de promesas amorosas heterosexuales con carga performativa. Especialmente recomendada para hombres cisheterosexuales, lesbianas butch y mujeres bisexuales con problemas de apego.

Número de cuerpos que comparten esta práctica: 2.

Material: Aunque no es necesario, es recomendable hacerse con un ramo de rosas rojas.

Duración total: 30 minutos (más el tiempo que tarde en llegar al aeropuerto).

Descripción de la práctica: Acérquese al aeropuerto más cercano (en su defecto una estación de trenes o autobuses). Increpe a la primera persona que vea y diga: «*por favor, no cojas ese avión. Prometo que cambiaré*». Repítalo las veces que sea necesario hasta que note que la otra persona queda convencida de que el amor puede con todo. Llore si lo considera necesario.

Práctica 3

Principio que dirige la práctica: Desnaturalizar las prácticas amorosas heterosexuales. Especialmente recomendada para personas a las que les cuesta socializar o que gustan de consumir café en cafeterías *hípster*.

Número de cuerpos que comparten esta práctica: 1.

Material: una impresora con tinta.

Duración total: 7 días.

Descripción de la práctica: Imprima el diálogo de la película *Nothing Hill*. Dedíquese en cuerpo y alma a aprenderlo de memoria durante seis días. Una vez aprendido, entre en una librería de barrio gentrificado y recítelo delante del mostrador.

Práctica 4

Principio que dirige la práctica: Mostrar la ritualización que hay detrás de las pedidas de manos. Especialmente recomendada para personas autodiagnosticadas de apego ansioso.

Número de cuerpos que comparten esta práctica: 12.

Material: Un anillo. Una banda de mariachis.

Duración total: 24 horas.

Descripción de la práctica: Compre un anillo de tamaño estándar. A lo largo del día, declárase en matrimonio doce veces a personas distintas (padre, madre, abuelo, amiga, compañera del trabajo, conductor de autobús, profesor de lógica, etc.). Si al final del día ninguno le dice que sí, tire el anillo al inodoro y repita tres veces en voz alta: «*nadie me quiere*». Llore tirando de la cadena. Después, váyase a dormir.

CONCLUSIÓN

A través de la combinación de la teoría del biopoder de Foucault con la heterosexualidad obligatoria de Rich, se ha mostrado que las reglas que prescribe la heteronorma van mucho más allá de la promoción de una orientación sexual específica. La heterosexualidad obligatoria, entendida como tecnología biopolítica, produce tanto cuerpos y prácticas sexuales heteronormados como reglas que rigen el espacio afectivo. Concretamente, en este ensayo he investigado el sentimiento amoroso y he descubierto que el amor, visto al trasluz del pensamiento heterosexual, prescribe reglas claras, como son la división de los cuerpos en dos sexos (que he analizado de la mano de Beauvoir y Wittig), la separación fordista entre un trabajo remunerado masculino y un trabajo no remunerado femenino (investigado por Federici) y la consecuente organización social familiar (desde la perspectiva de Lewis y O´Brien). Asimismo, he mostrado a través de Illouz que el paso del capitalismo fordista al posfordista se caracteriza por una subsunción total de la vida al trabajo, lo cual hace que la emocionalidad comience a ser percibida como una «tecnología de autogestión». Esto se relaciona con la teoría de Ahmed, para quien la promesa de la felicidad es una tecnología performativa al servicio de la heterosexualidad obligatoria.

Con esto sobre la mesa, he expuesto las propuestas de salida a la heterosexualidad obligatoria que dibujaron Wittig, Butler y Preciado. Las enseñanzas de Butler y Ahmed me han permitido analizar el sentimiento amoroso como un performativo al servicio de la heterosexualidad obligatoria. Asimismo, la propuesta contra-sexual de Preciado me ha servido como inspiración para proponer la noción de «contra-amor»,

61

que tiene como objetivo conjugar la propuesta wittigniana de creación de imaginario con la performatividad butleriana.

He expuesto a modo de cierre posibles ensayos contra amorosos que pretenden dialogar con lo narrado en el apartado uno. Estos son: la campaña contra el trabajo doméstico (para lo cual he echado mano de Federici), la defensa de la importancia de los vínculos amistosos según Foucault, la propuesta de O´Brien por la abolición de la familia y la defensa que hace Ahmed de la infelicidad como forma de libertad y resistencia a las normas dictaminadas por la felicidad-hetero.

A modo de corolario he añadido un apéndice con cuatro posibles prácticas contra amorosas. Cabe señalar, no obstante, que hay tantas prácticas contra-amatorias como cada una quiera inventar. Se puede concebir este ensayo, por tanto, como una invitación a amar sin modelos ni reglas prestablecidas.

Bibliografía

Ahmed, S. (2015). *La política cultural de las emociones*. México, D.F.: Universidad Nacional Autónoma de México. Programa universitario de Estudios de Género.

Ahmed, S. (2019). *La promesa de la felicidad. Una crítica cultural al imperativo de la alegría*. Buenos Aires: Caja Negra.

Barbadillo, G. T. (2013). VI. Y no, no somos mujeres. Legados e inspiraciones para los feminismos queer. En B. S. (ed.), *Las lesbianas (no) somos mujeres. En torno a Monique Wittig* (págs. 185-211). Barcelona: Icaria. Mujeres y culturas.

Beauvoir, S. d. (1989). *El segundo sexo*. México D. F: Alianza/Siglo XXI.

Butler, J. (2007). *El género en disputa: el feminismo y la subversión de la identidad*. Barcelona: Paidós.

Butler, J. (2022). *Cuerpos que importan. Sobre los límites discursivos del "sexo"*. Barcelona: Paidós.

Butler, J., & Fraser, N. (2017). *¿Reconocimiento o redistribución? Un debate entre marxismo y feminismo*. Madrid: Traficantes de sueños.

Córdoba, D. (2005). El contexto sociopolítico de surgimiento de la teoría queer. De la crisis del sida a Foucault. En D. Córdoba, J. Saez, & P. Vidarte, *Teoría queer. Políticas bolleras, maricas, trans, mestizas* (pág. 54). Madrid: Egales.

de Lauretis, T. (2005). When lesbians where not women. En N. Shaktini, *On Monique Wittig : theoretical, political, and literary essays* (págs. 51-64). Chicago: University of Illinois Press.

Derrida, J. (1998). Firma, acontecimiento, contexto. En J. Derrida, *Márgenes de la filosofía* (págs. 347-372). Madrid: Cátedra.

Federici, S. (2019). *Salario para el trabajo doméstico. Comité de Nueva York 1972-1977. Historia, teoría y documentos*. Madrid: Traficantes de Sueños.

Federici, S. (2021). *El patriarcado del salario. Críticas feministas al marxismo.* Madrid: Traficantes de sueños.

Feinberg, L. (2022). *Stone butch blues.* Madrid: Levanta Fuego.

Foucault, M. (1995). *La voluntad de saber. Historia de la sexualidad 1. .* Madrid: Siglo XXI.

Foucault, M. (2021). De la amistad como forma de vida. Entrevista a M. Foucault. *Adynata.*

García, T. A. (2008). El sistema sexo-género en los movimientos feministas. *Amnis*, 1-13.

Hardt, M. (2018). Red love. En M. M. Maria Lind, *Red Love: A Reader on Alexandra Kollontai* (págs. 63-77). New York: Sternberg Press.

Illouz, E. (2012). *Intimidades congeladas. Las emociones en el capitalismo.* Madrid: Katz.

Kollontai, A. (2002). *El comunismo y la familia.* Barcelona: Marxists Internet Archive.

L.S.D. (1995). nº2. *Non grata*, 1-30.

Lewis, S. (2023). *Abolir la familia. Un manifiesto por los cuidados y la liberación.* Madrid: Tradicantes de sueños.

O´Brien, M. E. (2023). *Family Abolition: Capitalism and the Communizing of Care.* New York: Pluto Press.

Preciado, P. B. (2002). *Manifiesto contra-sexual.* Madrid: Pensamiento. Opera Prima.

Rich, A. (1996). Heterosexualidad obligatoria y existencia lesbiana. *DUODA. Revista d'Estudis Feministes. Nº10*, 15-45.

Rivas, M. T. (2023). *El capitalismo emocional. De Eva Illouz a los teóricos del biocapitalismo.* Madrid: Dykinson.

Sainz-Ezquerra, Y. M. (2017). Judith Butler y la construcción del sujeto en términos performativos. *Thémata*(Nº 56), 307-315.

Wittig, M. (2005). *El pensamiento heterosexual y otros ensayos.* Madrid: Egales.

Wittig, M., & Zeig, S. (2023). *Borrador para un diccionario de las amantes.* Madrid: Continta Me Tienes.

Published
in May
2025

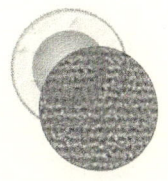

Faber & Sapiens